HUME
em 90 minutos

FILÓSOFOS
em 90 minutos

. . . .

por Paul Strathern

Confúcio em 90 minutos
Sócrates em 90 minutos
Platão em 90 minutos
Aristóteles em 90 minutos
Santo Agostinho em 90 minutos
São Tomás de Aquino em 90 minutos
Maquiavel em 90 minutos
Descartes em 90 minutos
Spinoza em 90 minutos
Locke em 90 minutos
Hume em 90 minutos
Kant em 90 minutos
Hegel em 90 minutos
Schopenhauer em 90 minutos
Kierkegaard em 90 minutos
Nietzsche em 90 minutos
Wittgenstein em 90 minutos
Sartre em 90 minutos

HUME
(1711-1776)
em 90 minutos

Paul Strathern

Tradução:
Maria Helena Geordane

Consultoria:
Danilo Marcondes
Professor-titular do
Deptº de Filosofia, PUC-Rio

Jorge Zahar Editor
Rio de Janeiro

Título original:
Hume in 90 minutes

Tradução autorizada da primeira edição inglesa,
publicada em 1996 por Constable,
de Londres, Inglaterra

Jorge Zahar Editor Ltda.
rua México 31 sobreloja
20031-144 Rio de Janeiro, RJ
tel: (21) 2240-0226 / fax: (21) 2262-5123
e-mail: jze@zahar.com.br
site: www.zahar.com.br

Projeto gráfico: Ana Paula Tavares
Ilustração da capa: Lula

CIP-Brasil. Catalogação-na-fonte
Sindicato Nacional dos Editores de Livros, RJ.

Strathern, Paul
S891h Hume (1711-1776) em 90 minutos / Paul Strathern; tradução, Maria Helena Geordane; consultoria, Danilo Marcondes. — Rio de Janeiro: Jorge Zahar Ed., 1997
— (Filósofos em 90 minutos)

Tradução de: Hume in 90 minutes
ISBN 85-7110-434-4

1. Hume, David, 1711-1776. 2. Filosofia inglesa. I. Título. II. Série.

CDD 192
97-1735 CDU 1(420)

SUMÁRIO

INTRODUÇÃO E RAÍZES DE SUAS IDÉIAS

. . . .

Antes de Hume, os filósofos eram com freqüência acusados de serem ateus. Hume foi o primeiro a admitir isso.

Ser considerado ateu não era elogio invejável para os filósofos ou para qualquer outra pessoa. A sociedade tinha uma forma de lidar com esses pensadores não ortodoxos — desde a Grécia antiga (veneno) até a Idade Média (Inquisição). Isso fazia com que os filósofos se esmerassem em convencer a todos (e a eles próprios) de que não eram ateus. O reconhecimento, por parte de Hume, da falência teológica foi tratado como escândalo público — mas as tentativas feitas para dissuadi-lo tiveram como base a argumentação filosófica e não o cadafalso. Isso depõe tanto a favor da tolerância da sociedade britânica do século XVIII quanto de Hume. Se ele quisesse, porém, manter-se coerente com sua filosofia, não poderia ter assumido outra postura.

A filosofia vinha de longa data se orientando nesse sentido. Diversos filósofos do mundo antigo — como alguns estóicos e uns poucos cínicos — quase chegaram a esse ponto. Mas Sócrates foi condenado à morte por não respeitar os deuses, e na Roma antiga era muitas vezes impossível não crer em Deus (principalmente quando ele era também imperador). Assim, a fé tornou-se essencial — tanto para aqueles que queriam continuar pensando como para os que queriam apenas continuar.

Nos primeiros tempos da era cristã, a filosofia foi inteiramente tragada pela teologia. Platão e Aristóteles transformaram-se na Sagrada Escritura, a filosofia consistindo quase tão-somente de elaborações em torno desses textos consagrados. Seguiram-se elaborações das elaborações e muito trabalho heróico para tornar essas elaborações aceitáveis para o dogma cristão. Desenvolveu-se um ponto de vista colateral, com abuso da lógica, para tentar provar a existência de Deus. Parte dessa atividade era extremamente engenhosa e mesmo criativa. Mas não era original. As suposições básicas eram sempre as mesmas.

Essas suposições foram, pela primeira vez, no século XVI, seriamente questionadas por Descartes, hoje considerado o fundador da filosofia moderna. Descartes pôs de lado as velhas hipóteses e apoiou sua filosofia na razão. Mediante um processo de dúvida racional, mostrou que é possível negar tudo — com uma exceção. Não posso duvidar de tudo e, ao mesmo tempo, duvidar que estou pensando. "Penso, logo existo" foi sua celebrada conclusão. Descartes chegou, desse modo, à base sobre a qual construiu a estrutura racional de sua filosofia.

Meio século depois, o filósofo britânico John Locke deu um passo adiante com a introdução do empirismo, sustentando que a base da filosofia não residia na razão, mas na experiência. Segundo Locke, tudo o que sabemos é obtido, em última instância, a partir da experiência. Não possuímos idéias inatas — apenas sensações e idéias que logramos alcançar refletindo sobre essas sensações. Parecia que a filosofia tinha atingido seu limite máximo.

Não demorou muito, porém, para que alguém levasse esse passo ainda mais adiante. Com a chegada do irlandês Berkeley, a tradição empírica britânica excedeu o limite da sanidade mental. Se nosso conhecimento do mundo se baseia apenas em nossa experiência, como podemos saber que o mundo existe quando não o estamos percebendo? O mundo foi, assim, reduzido a ficção, e a filosofia passou a ser alvo de chacota. Felizmente para o mundo, Berkeley era bispo e homem temente a Deus. Sem dúvida o mundo continuava a existir, mesmo que ninguém o estivesse percebendo. Como podia isso ocorrer? Porque o mundo estava sempre sendo percebido por Deus.

Essa prestidigitação filosófica poupou Berkeley de muitos aborrecimentos (e não só com seu arcebispo e sua congregação). O mundo tinha agora um ponto de apoio. Mas essa situação duraria apenas trinta anos, até que Hume entrasse na contenda.

VIDA E OBRA

Hume é o único filósofo cujas idéias permanecem plausíveis até hoje. Os gregos antigos são lidos como literatura nobre, mas sua filosofia se parece a brilhantes contos de fada. O medievalismo de Agostinho e Tomás de Aquino é estranho à sensibilidade moderna. Descartes e os racionalistas fazem-nos pensar que a condição humana não é racional; os primeiros empiristas parecem dogmáticos, incorrigíveis ou absurdos. E os filósofos depois de Hume, em sua maioria, se enquadram em uma das duas últimas categorias.

O que acabei de tentar fazer, Hume conseguiu concretizar — ele reduziu a filosofia a ruínas. Conseguiu chegar além do ponto atingido por Berkeley e examinou a situação empírica até chegar à sua conclusão lógica. Negou a existência de tudo — à exceção de nossas próprias percepções reais. Ao fazê-lo, colocou-nos em posição difícil. Trata-se aqui de solipsismo: apenas eu existo e o mundo nada mais é do que parte da minha consciência. Chegamos à jogada final da filosofia: aquela de que é impossível escapar. Xeque-mate.

Entendemos então, subitamente, que isso não importa. Não importa o que digam os filósofos, o mundo permanece lá — continuamos a avançar como antes. Como o fez Hume, cuja constituição física de Gargântua e presença de espírito em nada lembrava um confuso solipsista estilo Beckett, pensando sobre si mesmo fragmentariamente. O que Hume expressou foi o status de nosso conhecimento sobre o mundo. Nem o mundo da religião nem o mundo da ciência está certo. Podemos optar por acreditar na religião, se quisermos, mas não o fazemos com base em qualquer evidência exata. E podemos escolher fazer deduções científicas, a fim de impor nossa própria vontade sobre o mundo. Mas nem a religião nem a ciência existem em si mesmas. Ambas são meras reações nossas à experiência, uma de muitas reações possíveis.

Hume descendia de uma antiga família escocesa. Sua biografia, escrita por E.C. Mossner, contém uma árvore genealógica que investiga seus antepassados até Home of Home, que morreu em 1424. Depois, os ancestrais do filósofo incluem alguns nomes escoceses desprovidos de qualquer encanto, mas aparentemente ilustres, como Belcher of Tofts, Home of Blackadder e Norvell of Boghall. (Um ramo da família daria origem mais tarde ao mais ridículo primeiro-ministro britânico do pós-guerra.)

David Hume nasceu em 24 de abril de 1711 em Edimburgo. Seu pai morreu quando ele tinha três anos. Considerável número de grandes filósofos perdeu os pais em tenra idade, o que deu origem às costumeiras teorias psicológicas, cuja essência é que a ausência da figura paterna cria profunda necessidade de certeza, o que, por sua vez, determina que o órfão crie um sistema abstrato que toma o lugar do pai "subtraído". Essas teorias psicológicas podem ser brilhantes ao extremo, divertidas e, quem sabe, até ilustrativas (embora não se saiba bem de quê). Em outras palavras, sua semelhança com os filósofos que descrevem é estranha em muitos aspectos — exceto no que diz respeito ao rigor intelectual.

Na época em que David Hume surgiu no cenário, o ramo da ilustre árvore de sua família tinha decaído ao ponto de estar vivendo na pequena e gelada propriedade de Ninewells, que ficava a quinze quilômetros a oeste de Berwick-upon-Tweed, perto do vilarejo de Chirnside, na fronteira escocesa. A casa original, onde o filósofo foi criado, não mais existe, mas ao ingênuo turista filosófico é exibida a "gruta do filósofo", descendo-se a ladeira em direção ao sudeste da casa atual. Diz-se que nessa cavidade úmida, exígua e inóspita Hume meditava quando jovem e na idade madura (quando o espaço interior da gruta pode ter sido um tanto apertado para seu físico avantajado). Se nosso pensamento é afetado pelo que nos cerca, deveríamos esperar que as meditações de Hume nesse caso produzissem uma filosofia um tanto neolítica, com tendências claustrofóbicas — e de fato foi dessa forma que os grandes filósofos alemães dos cem anos seguintes chegaram a considerar a obra de Hume. Era inevitável, uma vez que os alemães tinham por objetivo construir vastos sistemas filosóficos — nada menos que palácios barrocos da metafísica — e não desejavam ocupar a caverna filosófica que Hume lhes havia legado. Infelizmente, a filosofia não deve ser confundida com aspiração arquitetônica.

Hume foi criado por seu tio, o pastor local, sucessor do pai do filósofo como proprietário de Ninewells. As condições em Ninewells teriam parecido austeras e obviamente rurais pelos padrões modernos: criados descalços; o piso inferior do edifício abrigando os estábulos de inverno e os galinheiros;

uma dieta à base principalmente de farinha de aveia, mingau e repolho (um nutritivo caldo tradicional ou uma repugnante e aguada sopa de repolho, dependendo do gosto). Mais tarde, porém, Hume não se lembraria de haver passado privações na infância, nem na época, nem mais tarde. Foi educado no chalé do professor da escola, junto com as crianças da vila próxima, dentro da igualitária tradição escocesa que por tanto tempo superou a de seus pares ao sul da fronteira. Mais tarde, dos doze aos quinze anos, freqüentou a Universidade de Edimburgo. (Essa admissão precoce em Edimburgo era bastante normal na época.)

Depois disso, esperava-se que Hume estudasse direito. Mas ele já se inclinara por outra direção, começando a ler com voracidade sobre ampla gama de assuntos. Somente com extrema relutância dedicou algum tempo ao estudo da advocacia, conflito que continuaria pelos três anos seguintes. Mas, pouco a pouco, as leituras de Hume passaram a se concentrar mais e mais em filosofia, até que um dia "pareceu abrir-se para mim um Novo Cenário do Pensamento". Suas idéias filosóficas começaram a cristalizar-se e concebeu o projeto de elaborar um sistema. O direito "parecia-me nauseante" então e, finalmente, decidiu desistir completamente.

Não foi uma decisão fácil. Significava que ele abria mão da chance de ter uma vida profissional. A longa luta interior travada com essa resolução custou a Hume um alto preço e, em seguida, ele foi acometido por estafa.

Retornou a Ninewells, mas sua recuperação era intermitente. Entre crises de depressão, continuava frenético em busca de suas novas idéias. O médico local foi chamado várias vezes e seu diagnóstico dizia que Hume sofria da "Doença dos Sábios". Receitou um "Curso de Pílulas Amargas e Anti-Histéricas", aconselhando-o também a tomar "um gole de Clarete todos os dias" e a se exercitar com regularidade em longos passeios a cavalo.

Hume tinha sido até então alto e magro: um indivíduo desajeitado, de pernas e braços finos. No entanto, apesar de seu regime de exercícios, começou a ganhar peso. Em seus passeios diários pelos campos cheios de colinas e despojados de vegetação, o cavalo emagrecia enquanto o cavaleiro se expandia — tornando-se pouco a pouco a figura corpulenta que continuaria sendo pelo resto da vida, o que sugere que seus problemas nesse período podem, em parte, ter sido glandulares.

A recuperação de Hume foi apenas gradual e pode, de fato, jamais ter sido completa. Certos episódios misteriosos ocorridos mais tarde sugerem uma instabilidade mental recorrente.

Hume não pretendia continuar morando com a mãe em Ninewells para sempre. Em 1734, um amigo da família conseguiu-lhe um emprego como escriturário de um agente de navegação em Bristol. Suas razões para aceitar esse emprego foram várias. Sem dúvida, ele precisava do dinheiro. Entendia também que o emprego incluiria viagens ao estrangeiro, o que tocou seu lado aventureiro, além de achar que seria benéfico para sua saúde mental.

Há provas claras de que esse fato continuava a preocupá-lo. A caminho de Bristol, passou por Londres, de onde escreveu ao dr. Arbuthnott, destacado médico da época, uma longa carta, em que se esmera em descrever sua doença — embora essa descrição fosse seriamente prejudicada pelo conhecimento limitado e pelos conceitos inadequados de então. Descreve sua enfermidade como "esse Desequilíbrio" e refere-se à sua "Imaginação exaltada". Diz ele: "Continuamente me fortaleço através de Reflexões sobre a Morte, & Pobreza, & Humilhação, & Dor & todas as outras Calamidades da Vida." Após descrever os remédios receitados por seu médico, ele passa, sem qualquer seqüência, a algumas observações filosóficas: "Creio ser um fato que a maioria dos

Filósofos que partiram antes de nós foram destruídos pela grandeza de seu gênio, & que pouco mais é necessário para que um homem tenha êxito nesse Estudo além de rejeitar todos os Preconceitos, seja pelas suas próprias Opiniões, seja pelas dos outros." Hume termina fazendo várias perguntas sobre sua doença ("Se posso ter esperança de Recuperação?"), que ele próprio responde ("Certamente você pode"), o que parece ter resolvido sua dificuldade, pois jamais enviou a carta de dez páginas (embora a tenha guardado por toda a vida). Parece ter concluído que o mero fato de escrever era em si uma cura. Ou pelo menos tão próximo de uma cura quanto ele jamais chegaria.

Hume se estabeleceu então para trabalhar em Bristol, e descobriu que era muito pouco provável que seu trabalho como escriturário lhe proporcionasse alguma viagem ao estrangeiro. As relações com seu empregador se deterioraram gradativamente e ele finalmente se demitiu. Aos vinte e quatro anos, estava de volta a Ninewells, onde começou a ganhar má fama por suas "maneiras superiores e ímpias". Herdara nessa época uma pequena renda particular de quarenta libras anuais, que lhe permitia viver sem emprego, de maneira frugal.

Começou, então, a registrar suas observações filosóficas, com o objetivo de criar uma nova filosofia que o tornaria famoso. (Ao longo de sua vida, Hume fez pouco segredo de sua meta definitiva: "meu amor pela fama literária, a paixão que me guia". De fato, seria como figura literária, mais que como filósofo, que Hume iria alcançar fama. Mais tarde, Boswell iria se referir a ele como "o maior escritor britânico" e até hoje ele aparece no catálogo da Biblioteca Britânica como "David Hume, o historiador".) Depois de alguns meses, Hume decidiu partir para a França. Ali podia viver bem com sua pequena renda particular e, isolado, poderia concentrar-se em sua nova filosofia sem interrupção ou especulações de natureza mais prática. (Em Ninewells, sempre havia a mãe e seu tio, nenhum dos dois admirador de filosofia.)

Conta-se que Hume saiu de Ninewells apressadamente. Pouco tempo depois de ele ir para a França, uma jovem solteira do local, chamada Agnes, de quem se diz ter tido "ficha suja nesses assuntos", anunciou que estava grávida. A atitude em relação a esse tipo de coisa na Escócia, na época, era bastante cristã. A pobre e abandonada Agnes foi exibida na igreja, onde o pastor local (tio de Hume) procedeu à denúncia pública costumeira, que terminava com a piedosa esperança de que ela morresse no parto. Como se essa demonstração de compaixão e amor cristão não fosse o bastante, Agnes foi depois arrastada ao Tribunal Superior, onde prontamente recebeu punição mais grave. Isso provavelmente ainda acarretava algum tipo de humilhação — um método de retribuição sempre favorecido em uma sociedade hipócrita. (Dizem que isso se deve ao masoquismo inconsciente: a emoção que se goza do fato de que ainda não pegaram *você*.) No decurso do interrogatório de Agnes no tribunal, ela finalmente mencionou o pai de seu filho por nascer, referindo-se ao ausente Hume — provavelmente para proteger o pai verdadeiro. De todo modo, foi essa a firme convicção do tribunal. Jamais conheceremos a verdade.

A não ser por uma notável exceção, esta é a principal evidência de que dispomos das inclinações sexuais de Hume. Segundo Mossner, "mais tarde, na Itália, na França e na Escócia, ficaria comprovado que ele era um homem de desejos sexuais normais". Já que não há muito mais registrado sobre esses desejos sexuais normais, pode-se imaginar que tenham sido atendidos por meio da hospitalidade — com criadas entusiasmadas e anfitriãs exigentes. E uma vez que Hume foi uma das poucas figuras literárias da época a não ter sífilis, é pouco provável que essa hospitalidade tenha sido muito freqüente, ou que ele tenha recorrido a prostitutas, então mais baratas do que bolsa de água quente. (Esta última observação pretende ter conotação puramente socioeconômica, sem qualquer insinuação sexual. Essas bolsas de água quente humanas, perseguidas pela doença, teriam, na maioria das vezes, chegado a essa condição após sofrer o mesmo destino de Agnes, vítimas da hipocrisia tão necessária a qualquer sociedade justa de masoquistas camuflados.)

Hume foi primeiro morar em Reims; mais tarde, porém, mudou-se para La Flèche, quase com certeza por conta de suas inspiradoras associações com Descartes, que ali fora educado, no colégio jesuíta.

Em três anos, Hume concluíra o *Tratado sobre a natureza humana*, por ele próprio mais tarde rejeitado, por conta do que considerava suas extravagâncias de juventude. Mas ele não repudiou sua filosofia — que compreende quase todas as idéias filosóficas originais pelas quais é hoje lembrado. Bertrand Russell, em sua *História da filosofia ocidental*, é um dos que opinam que essa obra contém as melhores partes da filosofia de Hume: conquista notável para um homem que ainda não completara trinta anos.

No *Tratado sobre a natureza humana*, Hume tentou definir os princípios básicos do conhecimento humano. Como sabemos alguma coisa com certeza? Ao tentar responder a essa pergunta, seguiu a tradição empírica, acreditando que todo o nosso conhecimento é, em última análise, baseado na experiência. Na opinião de Hume, a experiência consiste de percepções, das quais existem dois tipos: impressões e idéias. "As percepções que penetram com maior força e violência, podemos chamar de *impressões; e, nessa denominação, englobarei todas as nossas sensações, paixões e emoções*, à medida que fazem sua primeira aparição na alma. Por *idéias*, entendo suas pálidas imagens no pensamento e no raciocínio."

E explica: "Toda idéia simples encerra uma impressão simples, semelhante a ela." Mas também podemos formar idéias complexas, que decorrem de impressões, mediante idéias simples, mas que não precisam necessariamente corresponder a uma impressão. Por exemplo, podemos imaginar uma sereia mediante a combinação de nossa idéia de peixe e nossa idéia de mulher. Ao aderir de maneira estrita a essa noção de impressões e idéias como a única base certa para nosso conhecimento, Hume chega a algumas conclusões surpreendentes. Os objetos, a continuidade, a própria pessoa, até mesmo a causa e o efeito — todas essas noções são mostradas como falaciosas. Nós nunca, de fato, experimentamos um objeto — apenas impressões de sua cor, forma, consistência, gosto etc. Da mesma forma, não temos impressão real que corresponda à continuidade. As coisas simplesmente acontecem uma depois da outra. Não podemos nem mesmo dizer que uma coisa determina que outra aconteça. Podemos observar uma coisa constantemente se seguindo a outra (pólvora acesa, explosão), mas não há conexão lógica entre as duas e nenhuma razão lógica pela qual devam acontecer em seqüência no futuro. "Não temos outra noção de causa e efeito a não ser a de certos objetos que estiveram *sempre associados*." A indução, por um processo de simples enumeração, não tem força lógica. Todos os cisnes eram brancos antes da descoberta, na época de Hume, dos cisnes negros da Austrália. Os cisnes não tinham sido necessariamente brancos, não mais do que teria uma chama necessariamente provocado a explosão da pólvora.

Há muitas dificuldades no enfoque de Hume e não se restringem apenas ao senso comum. Como podemos continuar a viver, se isso é tudo que sabemos com certeza? Hume tinha bastante consciência dessa objeção à sua filosofia. "Quando saímos de nosso gabinete e nos expomos aos temas comuns da vida, as conclusões a que até ali chegáramos parecem se desvanecer. Como os fantasmas da noite diante da chegada da manhã; e nos é penoso manter até mesmo aquela convicção a que havíamos chegado com dificuldade." O que Hume estava de fato ressaltando era a extrema precariedade da condição humana em relação ao conhecimento. Nós *pensamos* que sabemos muito — mas, na realidade, grande parte do que pensamos que sabemos é mera suposição. Suposição confiável, mas ainda assim suposição.

Essa posição é estranhamente similar ao estágio do conhecimento hoje, quando as verdades definitivas da ciência há muito se retiraram do âmbito da credibilidade ou do senso comum. Aceitamos com relutância as verdades da ciência, que teria preferido que acreditássemos que uma torrente de partículas subatômicas percorre nossa sólida terra, que sombras de antimatéria perseguem cada passo nosso e que a curva da trajetória de uma bola bem jogada nos levaria de volta ao passado. No entanto, continuamos a viver nossas vidas em um universo newtoniano, com maçãs maduras caindo, pela gravidade, nos aconchegantes gramados da realidade. Atualmente, os sólidos fundamentos daquilo que nos asseguram ser verdade não são menos sem sentido do que o eram na filosofia de Hume. Apesar disso, como sempre as noções ridiculamente inadequadas do senso comum continuam a bastar.

A despeito da destruição promovida por Hume da base de toda a ciência, ele tinha o maior respeito por Newton e seu enfoque experimental. Na realidade, sua noção das impressões pode muito bem ter sido inspirada por uma passagem da *Óptica*, de Newton, sobre feixes de luz e objetos: "Neles, nada mais há do que um certo poder e disposição para provocar uma sensação dessa ou daquela cor." (Em outras palavras, não experimentamos os objetos propriamente ditos.) Hume tinha a maior admiração pela ciência, especialmente pelo rigor de seus métodos. Estava certo de que era esse o caminho em direção a um futuro melhor. No entanto, paradoxalmente, sua filosofia impele a humanidade de volta ao passado — a uma posição que ela já não ocupava desde a Idade Média. Copérnico deslocara a humanidade e a Terra do centro do universo. O empirismo solipsista de Hume recolocou a humanidade no centro do que quer que fosse que estivesse acontecendo (embora, no caso de Hume, isso não incluísse a Terra, muito menos o universo).

A posição de Hume mostra muitas anomalias interessantes. Berkeley confiara em Deus para amparar o mundo quando não o estivéssemos olhando. Com Hume, não havia mundo para amparar. E se não existem coisas tais como corpos tangíveis, continuidade ou causa e efeito, será dificíl encontrar espaço para Deus. Hume pode não ter acreditado em Deus, mas sua filosofia nos reduz a uma situação nitidamente próxima da de certos místicos budistas. Enquanto Berkeley reduzira a filosofia a uma piada, Hume explicava a piada (satisfatoriamente). No entanto, era pouco provável que com isso induzisse as pessoas a encará-la de maneira mais séria.

Em 1739, Hume voltou à Grã-Bretanha e publicou seu *Tratado*. Acomodou-se, então, à espera dos ataques violentos e cáusticos que inevitavelmente viriam dos críticos — aos quais responderia com brilhantismo total, garantindo, assim, fama, dinheiro, notoriedade pública, a aprovação ampla de poetas e financistas, o amor de mulheres bonitas e das esposas dos financistas e todas as demais pequenas marcas de reconhecimento das quais qualquer filósofo tirano se acha merecedor. Infelizmente, isso não aconteceria. A grande obra-prima de Hume foi "renegada natimorta pela imprensa", conforme ele próprio se expressou. Seu trabalho teve o pior de todos os destinos: ninguém o percebeu. E a reação de Hume? "Sendo naturalmente de temperamento sangüíneo e alegre, logo me recuperei da estocada." Retornou a Edimburgo e começou a escrever ensaios sobre tópicos morais e políticos, que alcançaram algum reconhecimento, e em 1744 lançou-se candidato à cadeira de filosofia moral na Universidade de Edimburgo. Infelizmente, parece que pelo menos uma pessoa, afinal, tinha lido seu *Tratado sobre a natureza humana*. Uma objeção veemente foi apresentada contra sua candidatura, sob o argumento de que seu *Tratado* era uma obra de heresia e ateísmo. Eram acusações difíceis de serem negadas, em especial para alguém que de fato houvesse lido o livro. (A primeira intenção de Hume, de deslumbrar os críticos ofendidos com suas réplicas brilhantes, provavelmente baseou-se na suposição de que esses críticos não tomariam a inédita decisão de realmente ler sua obra.) Hume não obteve o emprego na sua velha universidade e deixou Edimburgo desgostoso.

Decidiu procurar uma ocupação mais adequada a seu talento. Ofereceram-lhe, finalmente, o cargo de tutor do louco Marquês de Anandale, em sua casa perto de St. Albans. Ao que parece, era o que esperava, e aceitou. Nos períodos em que sua excelência o marquês se revelava incapaz, até mesmo, da instrução filosófica (que parece ter sido considerada como último recurso), Hume começou a escrever uma *História da Inglaterra*, mas logo se sentiu tão deprimido que desistiu, prometendo a si mesmo que retornaria ao projeto mais tarde.

O país estava agora também sob o domínio de sua própria insanidade — a Revolução Jacobina de 1745. Um exército escocês de 5.000 homens invadiu com sucesso a Inglaterra, depois recuou de maneira desconcertante e afinal foi massacrado na batalha de Culloden. Felizmente para Hume, ele estava na Inglaterra durante toda a rebelião e pôde então observá-la com algum distanciamento. Alguns de seus amigos em Edimburgo foram obrigados a tomar partido, com conseqüências desastrosas. O comentário seco de Hume sobre o episódio foi: "Oito milhões de pessoas [poderiam ter sido] foram subjugadas e reduzidas à escravidão por cinco mil, os mais valentes, mas ainda assim os de menor valor entre eles."

O episódio teve efeito profundo sobre Hume. Ele tinha visto a história se desenrolando ao seu redor, embora não participando dela diretamente. Essa deficiência foi logo remediada quando viu-se demitido de seu emprego de tutor de um lunático, sendo obrigado a reduzir ainda mais suas pretensões e a se tornar secretário de um general.

O general James St. Clair aguardava para partir em expedição militar contra os franceses no Canadá quando admitiu seu novo secretário. Os navios e as tropas para essa expedição estiveram reunidos em

Portsmouth por vários meses, sem que o secretário de Estado, o duque de Newcastle, pudesse se decidir sobre o que exatamente fazer com eles. Esse era o homem de quem se dizia que perdia meia hora toda manhã e passava o resto do dia procurando por ela. Esse período é com freqüência considerado, embora enfrentando dura concorrência, o mais incompetente da história militar britânica: assunto ideal para nosso jovem historiador filósofo, que agora se encontrava em posição de testemunhar diretamente a maravilha do espírito militar em ação.

O duque de Newcastle finalmente encontrou sua meia hora perdida e determinou que a expedição do general St. Clair se lançasse ao mar e atacasse os franceses — não no Canadá, mas na França. Quando o general Sr. Clair perguntou ao duque o que deveriam fazer com os índios americanos rastreadores, especialmente selecionados e treinados que estavam a bordo, a pergunta foi rejeitada por irrelevante. O general perguntou então *onde*, na França, deveria ele começar seu ataque e a resposta foi que qualquer lugar servia. O general St. Clair (juntamente com seu novo secretário) tomou a diligência de volta a Portsmouth e embarcou na nau capitânia da expedição e descobriu que tinha um problema. Ninguém, em qualquer dos navios, possuía um mapa da França. Hume adiantou que conhecia a forma do país e podia, até mesmo, traçar-lhe um esboço, caso o general o quisesse, mas, no final, um oficial foi enviado a terra para ver se havia algo na livraria local. Retornou com um livro usado sobre a França, que por acaso continha um pequeno mapa. Hume confirmou que era em definitivo a forma correta e o general fez-se ao mar em direção à França — após ter sido informado que seria impossível perder-se, desde que navegasse corretamente para o sul.

A armada britânica afinal chegou a l'Orient (cuja localização no litoral sudoeste da Bretanha, ou seja, não em frente à Grã-Bretanha, sugere que o general St. Clair pode de início ter conseguido não encontrar a França). Precisamente ao longo da costa a partir de l'Orient o general desembarcou seu exército (enquanto Hume tomava notas para sua planejada *História da Inglaterra*). O objetivo do general era sitiar o importante porto naval em l'Orient, mas infelizmente logo após o desembarque começou a chover. Seus 3.000 soldados haviam sido confinados a bordo dos navios meses a fio e começaram a sentir cãibras enquanto marchavam pelos pântanos. No final, sequer conseguiam manter-se de pé. (O bom senso sugere que alguma coisa um pouco mais forte do que água de chuva possa ter contribuído para essa situação.) Nesse ínterim, em l'Orient, os franceses descobriram que sobrepujavam os invasores britânicos na proporção de sete para um. As duas forças oponentes trocaram algumas séries de tiros de canhão e os gênios militares, de ambos os lados, então se retiraram a fim de ponderar sobre os acontecimentos durante o jantar.

O alto comando britânico logo chegou à conclusão de que suas tropas sem pernas se saíam melhor a bordo dos navios, e determinou que marchassem de volta protegidos pela escuridão. Enquanto isso, o comandante francês, por razões que somente um espírito militar privilegiado poderia entender, tinha decidido se render. Quando a imensa força francesa chegou para se entregar na manhã seguinte, percebeu alguns poucos desconsolados soldados da artilharia britânica, que pareciam ter sido esquecidos por todos, abrigando-se da chuva, ao lado de suas armas gotejantes. Os franceses acharam-se então em situação de superioridade de quase cinco mil para um. Percebendo de forma clara que a simples logística de ter que aceitar a rendição de tantos homens estava obviamente além das possibilidades daqueles poucos britânicos ridículos, os franceses mudaram sua tática e fizeram-nos prisioneiros. Nesse meio tempo, a esquadra britânica e seu filósofo residente se perderam em uma tempestade e, após várias aventuras, todos navegaram para casa a fim de receber suas medalhas.

Em conseqüência dessa gloriosa campanha, o general St. Clair foi premiado com a chefia de importante missão diplomática a Viena e Turim. Partiu acompanhado de seu secretário e de uma equipe de assessores diplomáticos.

Hume teve diferentes reações a suas viagens pela Europa. "A Alemanha é cheia de Pessoas diligentes e honestas &, fosse ela unida, seria a maior Potência do mundo em qualquer época", escreveu cheio de sensibilidade. "As Pessoas comuns aqui são, em quase todos os lugares, muito mais bem tratadas & mais à Vontade do que na França; e não muito inferiores aos ingleses, não obstante todos os Ares que esses últimos se dão." No entanto, não se deixou impressionar tanto pelos austríacos em Estíria: "assim como o Campo é agradável em sua Rusticidade; são os Moradores brutos & deformados & monstruosos em sua Aparência. Muitos deles têm feias Gargantas protuberantes; os Estúpidos e os Surdos fervilham em todos os Povoados; e o Aspecto geral do Povo é o mais chocante que jamais vi. Poder-se-ia pensar que, sendo esta a grande Via, pela qual todas as Nações bárbaras promoveram suas Irrupções no Império Romano, teriam elas deixado para trás o Refugo de seus Exércitos antes de penetrarem em Solo Inimigo". A reação de Hume não era apenas um acesso de mau humor ocasionado pelos rigores cansativos e enervantes da viagem de carruagem através dos Alpes. Suas observações não eram exageradas, ainda que seu diagnóstico estivesse longe da verdade. Sabe-se agora que essa região experimentou uma deficiência de iodo em sua dieta, que provocou grande incidência de bócio e demência.

Os habitantes do local, contudo, não eram os únicos a serem afetados pelo distúrbio mental. Quando a missão chegou a Turim, Hume adoeceu. Um companheiro da missão registrou: "Ele foi afetado por uma Febre extremamente violenta, acompanhada de seus Sintomas naturais, Delírio e Alucinação. No Paroxismo de sua Doença, falava com freqüência, em Perturbação bastante aparente, do Demônio, do Inferno, de Maldição, e uma noite, quando aconteceu de seu Enfermeiro estar dormindo, Ele levantou-se da Cama e caminhou em direção a um Poço profundo, que ficava no Quintal, com o Desígnio, segundo se supôs, de afogar-se, mas, encontrando a Porta dos Fundos Trancada, Ele correu para um quarto onde, sobre um Sofá, os Cavalheiros da Família costumavam, Ele bem o sabia, depositar suas Espadas, e aí foi encontrado pelos Criados que haviam sido despertados pelo barulho que Ele tinha feito na porta, ao tentar abri-la, e levado à força por eles de volta à sua Cama."

Hume parece ter-se recuperado rapidamente, e essa "Aventura excêntrica" tornou-se fonte de diversão na companhia, embora o próprio Hume tivesse dela visão mais sóbria, protestando: "Você pensa que a Filosofia pode servir de prova contra a Loucura? A Organização do meu Cérebro estava debilitada e eu estava tão louco quanto qualquer Homem num Asilo." Hume parece ter estado plenamente consciente, e temido por seu desequilíbrio mental amplamente latente. Podemos apenas especular sobre seu possível efeito em suas atividades intelectuais. Embora seja intrigante que um ateu consumado revelasse medos obsessivos do demônio, do inferno e da maldição. Da mesma forma, pode-se imaginar quantos outros episódios semelhantes aconteceram sem qualquer registro. Existem questões importantes nesse aspecto, que provavelmente nunca serão respondidas.

O general St. Clair e seu secretário finalmente conduziram a missão com êxito até o final, após viajar por toda a Europa sem qualquer conquista. (São as conquistas nesse campo que, via de regra, significam desastres.) Hume decidiu então dar um basta. Depois de ter educado um louco e servido de secretário a um general, sentiu-se adequadamente qualificado para retomar o desafio filosófico. Voltou a Edimburgo, onde começou a reescrever seu grande fiasco filosófico. Transformou a primeira parte em *Investigação acerca do entendimento humano*, obra que difundiria suas idéias por toda a Europa. A última parte foi convertida na *Investigação sobre os princípios da moral*, que ele sempre, de forma equivocada, acreditou ser seu melhor trabalho.

Pode ser difícil para alguns ver como um solipsista filosófico, que fizera explodir a noção de causa e efeito, a continuidade e até mesmo os corpos, pudesse se engajar em uma filosofia moral. Mas, no que diz respeito à ética, Hume prefere ignorar as conclusões de seu empirismo radical, embora, na realidade, relacione sua ética à estrutura de seu empirismo. Dessa forma, as paixões observadas nos outros são recebidas como impressões. A compaixão, por outro lado, começa como idéia, que poderá se transformar em impressão caso seja suficientemente forte e viva. Como se poderia esperar do temperamento de Hume, a essência de sua filosofia moral é humana. A compaixão, ou a solidariedade, é vista como base de todas as qualidades morais, o que promove a felicidade pessoal e o benefício social. Hume avalia as qualidades morais segundo sua utilidade ou sua aplicabilidade — em relação ao indivíduo ou à comunidade. Essas idéias haviam sido forjadas no liberalismo democrático de Locke, que enfatizava um contrato social que garantisse aos cidadãos direitos naturais segundo a lei. As idéias de Hume iriam influenciar a formação dos utilitaristas do século XIX, como Bentham e Mill, que as sintetizaram na fórmula: "o máximo de felicidade para o maior número possível". Contudo, esse louvável desejo de felicidade social continha uma falha inerente. O que aconteceria ao bode expiatório, cujo enforcamento público proporciona tanta alegria à maioria da plebe? A redução da moralidade pública a uma equação matemática, com a maioria saindo vitoriosa em todas as questões, deixa as minorias vulneráveis à discriminação.

Em 1752, Hume foi nomeado curador da Biblioteca dos Advogados de Edimburgo, emprego que, longe de ser um fardo, deu-lhe a oportunidade de escrever outros ensaios filosóficos sobre ampla gama de assuntos. O ensaio estava no auge, na época, como a última moda em gênero literário. Embora o estilo de Hume não fosse tão brilhante quanto o de Addison ou o de Steele, suas idéias eram mais profundas. Os tópicos dos ensaios variam de temas díspares como política e padrões de gosto popular, passando por outros análogos como tragédia e casamento, a assuntos tão semelhantes quanto poligamia e estoicismo. Seus ensaios sobre economia continham as idéias basilares dessa pseudociência embrionária. E seus ensaios sobre milagres (inexistentes) e suicídio (ao gosto de cada um) causariam sensação quando afinal foram publicados.

Em conseqüência de seu emprego com o general St. Clair, Hume percebera em primeira mão o que era afinal a história. Animado por essa compreensão, decidiu mais uma vez dedicar-se à sua *História da Inglaterra*, começando pela invasão de Júlio César em 55 a.C. e concluindo com a Revolução Gloriosa de 1688. Finalmente publicou-a em 1762, após progredir à razão de um século por ano, o mesmo índice reivindicado por Gibbon ao escrever seu *Declínio e queda do Império Romano*, publicado quatro anos mais tarde. A *História*, de Hume, foi considerada a segunda, suplantada apenas pela obra-prima de Gibbon, mas coerentemente vendeu mais que sua rival e permaneceu na lista de best-sellers por quase um século (até que a *História*, de Macauly, se tornasse a obra modelo).

A *História da Inglaterra* é de fácil leitura e foi uma das primeiras a ampliar seu âmbito, mediante a inclusão dos tópicos de interesse cultural e científico da época. Uma vez que não endossou os preconceitos contemporâneos, foi de pronto rotulada como irremediavelmente tendenciosa. Os comentários culturais de Hume me parecem bastante razoáveis. Falava da produção dos poetas do século anterior, "monumentos de gênio pervertidos pela indecência e pelo mau gosto, mas nenhum tanto quanto Dryden tanto pela grandeza de seu talento, quanto pelo uso indevido que fez dele". E suas opiniões filosóficas se superpõem, com freqüência, a resultados agradáveis: "Embora Newton tenha aparentemente erguido o véu de alguns dos mistérios da natureza, mostrou, ao mesmo tempo, as imperfeições da filosofia mecanizada; e, desse modo, devolveu seus segredos supremos à obscuridade na qual sempre estiveram e onde para sempre permanecerão."

Um ano após ter publicado sua obra, Hume foi premiado com a inclusão de todos os seus livros no Índex de obras proibidas pela Igreja católica. Nos séculos anteriores à nossa era, essa honraria era semelhante ao Prêmio Nobel. Concentrava-se nas genuínas conquistas científicas, humanitárias e literárias, mas eventualmente, por motivos políticos, era concedida a charlatães ou mediocridades inócuas.

Em 1763, Hume foi nomeado secretário do embaixador britânico na França. (A guerra empreendida com tanto sucesso pelo general Sr. Clair e seus pares e pelo comandante das tropas em l'Orient tinha, afinal, sido interrompida pelas forças da razão.) O mandato de Hume em Paris foi um enorme sucesso. Ele era então considerado o Voltaire britânico, sendo tratado como celebridade pela sociedade da moda. O embaixador compreendeu rapidamente que a presença de seu secretário no circuito dos salões tinha muito mais valor para a promoção dos interesses britânicos do que qualquer outra coisa que a embaixada pudesse oferecer, e encorajou-o a ir a tantas festas quanto fosse possível.

Hume era, nessa época, uma figura repulsiva. Seu rosto vivia inchado e vermelho, comia demais, gostava de beber e, em geral, era bem desajeitado. Mas também era muito inteligente e dono de um espírito brincalhão e agradável. Os franceses nunca tinham visto nada parecido antes. Para eles, elegância e presença de espírito eram virtualmente sinônimos. A manifestação de uma, sem que a outra se evidenciasse, constituía verdadeira excentricidade britânica. Por ser extremamente desajeitado, Hume foi dispensado de se curvar perante a Corte; e, após um desastre hilariante, deixou também de ser-lhe exigido que saísse recuando até a porta. Hume foi apresentado ao Rei e a todos os membros de sua família — até mesmo aos netos, que tiveram, cada um deles, de memorizar um pequeno discurso em honra de "M'sieur Yume", dizendo-lhe o quanto estavam ansiosos para ler sua *História da Inglaterra.*

Apesar de sua aparência e de seu apreço pelos eventos sociais, Hume não era exatamente um homem feliz e, por dentro, trazia suas emoções em rédea curta. Apreciava a companhia de mulheres, mas em particular se descrevia como "um homem distinto incapaz de ofender maridos e amantes". Contudo, o excesso de homenagens fez com que, momentaneamente, baixasse a guarda. Cada vez que se deparava com uma mulher bonita e inteligente, que sugeria estar atraída fisicamente por ele, apaixonava-se.

Assim era a França, onde essas coisas nunca são simples. A condessa de Boufflers era amante do príncipe de Conti, uma das personalidades políticas mais poderosas do país. Ela tinha trinta e oito anos e Hume cinqüenta e dois. Tornaram-se amigos rapidamente, mas mantiveram-se ambos precavidos quanto a qualquer envolvimento mais profundo.

Correspondiam-se, usando as maneiras requintadas da época como disfarce sutil, tortuoso e muitas vezes superficial para suas verdadeiras emoções. Hume lhe disse: "Você me salvou de uma total indiferença em relação a tudo na vida humana." Parecia, contudo, que tinham medo um do outro e, afinal, convenceram-se da futilidade da situação, da qual nada resultou, a ponto de, quando do retorno de Hume à Inglaterra em 1765, nunca mais se terem visto. No entanto, continuaram a se corresponder, e a última carta que temos de Hume é endereçada à compreensiva condessa.

Foi a condessa de Boufflers quem colaborou para o encontro de Hume com Jean-Jacques Rousseau, o grande teórico e filósofo político francês. É comum, hoje em dia, caracterizar Rousseau como louco e bastardo (no sentido pejorativo), um homem cujas idéias levavam diretamente ao mal social da pior espécie, o que não se pode negar. Rousseau era instável mentalmente; pessoalmente entregou, um por um, os cinco filhos que teve com sua amante a um orfanato na rua onde morava; além disso, suas idéias estimulavam o comportamento incivilizado. Ele acreditava que a verdadeira virtude residia no "bom selvagem", ainda não corrompido pela civilização. Era contra um contrato social que garantisse direitos naturais e a favor da imposição da "vontade geral". Achava que isso proporcionava o bem comum e, quando o indivíduo a ele se sujeitasse voluntariamente, seria "obrigado a ser livre". Isso, inevitavelmente, soa sinistro aos ouvidos do século XX. As idéias de Rousseau inspirariam tanto as glórias quanto os excessos da Revolução Francesa e continuaram a desempenhar papel similar em nosso século. Suas idéias são reconhecíveis no fascismo e no comunismo, assim como na tendência que leva à liberdade de expressão e ao liberalismo.

Mas o Rousseau que se encontrou com Hume era mais do que uma bomba-relógio de idéias explosivas. Como homem, é mais conhecido como o gênio que inspirou o movimento romântico e, pessoalmente, como uma espécie de sensibilidade à flor da pele. Era o oposto de Hume, tanto no temperamento quanto filosoficamente. E, no entanto, estavam ambos do mesmo lado. Ambos lutavam por reformas. A velha Europa de monarcas absolutos e de nobres proprietários rurais começava a ceder espaço a uma sociedade urbana mais comunitária, com tendências liberais democráticas. Descartes iniciara um processo de evolução, que progredira com o surgimento do romance introspectivo. A Europa testemunhava o advento de uma ampla autoconsciência: o nascimento de uma individualidade que pensava por si mesma. A preocupação de Rousseau era com a individualidade em si, sua expressão e auto-realização. Hume estava interessado na possibilidade de pensar por si mesmo e de ver o mundo depurado dos velhos preconceitos. Para ele, não existia nada que se pudesse chamar de alma, ninguém jamais observara um "espírito", não experimentáramos qualquer causalidade ou Deus. Rousseau, por seu lado, não produziu qualquer filosofia coerente, mas será para sempre lembrado por algumas idéias grandiloqüentes como "o bom selvagem" e "a vontade geral".

Rousseau estava foragido (após a publicação do *Émile*, que negava os direitos divinos dos reis e apoiava a democracia), e Hume se ofereceu para protegê-lo. Infelizmente, mais ou menos na época em que Rousseau chegou à Inglaterra, seus perseguidores já o tinham levado à loucura. Costumava abraçar Hume dizendo o quanto o amava; mas imediatamente podia se convencer de que Hume estabelecera um conluio com seus inimigos e que tramavam contra ele. Hume fez o melhor que pôde, Rousseau o pior. Para alívio geral, Rousseau finalmente voltou para a França — onde começou a propagar todo tipo de difamação contra Hume. O filósofo encontrara o gênio e um não entendera o outro. A natureza desse encontro foi nefastamente simbólica — a luta entre as posições que defendiam continua até hoje.

Em 1769, Hume voltou a viver em Edimburgo. Estava enorme então. "O mais gordo dos porcos de Epicuro", segundo Gibbon, que tampouco era peso-pena (seu comentário sobre Hume soava como aprovação). Hume continuou a trabalhar muito, revisando e reescrevendo sua *História* e suas obras filosóficas, além de escrever ensaios e uma breve autobiografia estranhamente objetiva e evasiva. Talvez não quisesse fornecer munição a seus inimigos — que eram muitos. Para os membros conservadores do *establishment*, a Igreja, a academia ortodoxa etc., ele permanecia um anátema. Por outro lado, um panfleto anônimo intitulado "O caráter de — por ele próprio", que certamente era sobre Hume, e quase certamente escrito por ele, propõe uma investigação profunda de seu caráter e de sua capacidade de auto-avaliação. "Um grande homem, cujo constante propósito de vida é provocar danos." "Um entusiasta sem religião, um filósofo que despreza o alcance da verdade." "Isento de preconceitos vulgares, cheio de si mesmo."

Hume tornou-se então o famoso velho de Edimburgo. Apreciava longos jantares com os amigos, que se tornaram conhecidos como os *Eaterati*.[1] Mas continuou também a discutir suas idéias com seus pares intelectuais — como seu amigo de muitos anos Adam Smith, filósofo social e teórico pioneiro da economia. Hume e Smith partilhavam muitas idéias sobre filosofia social, e já se insinuou que Hume influenciar a Smith em sua teoria de que os interesses da sociedade são melhor conduzidos pela "mão invisível" da competição. Essa mão, que moldou o século XX, parece pronta a estrangular o século XXI, quando haverá recursos estritamente limitados por que competir — mas nem Hume nem Smith devem ser responsabilizados pela cegueira dos economistas atuais. Eles viveram na aurora da época de possibilidades aparentemente ilimitadas (em tantas esferas), época sobre a qual agora o sol se põe célere.

Em outros aspectos, contudo, as idéias de Hume com freqüência coincidem com as do século XX. "Tomando-se qualquer volume — de teologia ou metafísica escolástica, por exemplo — se perguntarmos: 'Contém ele qualquer raciocínio abstrato a respeito de quantidade ou número?' A resposta é não. 'Contém ele qualquer raciocínio experimental

1. Jogo de palavras com *litterati*, "literatos"; os *Eaterati*, do verbo *to eat*, "comer", seriam os glutões. (N.E.)

sobre o real e a existência?' Não. Lance-o, então, às chamas, pois nada pode conter a não ser sofisma e ilusão." E mais: "O mundo inteiro nada representa, além da idéia de uma Natureza cega que despeja do colo, sem discernimento ou cuidado materno, seus filhos deformados e abortados." Essas opiniões eram raridade em meados do século XVIII.

Pouco a pouco, o físico de Hume e seu estilo de vida começaram a pagar tributo. Tornou-se cada vez mais doente até que, finalmente, dois eminentes cirurgiões foram chamados para examiná-lo. Um após o outro, comprimiram com seus dedos o estômago espesso; no final, concordaram que ele sofria de um tumor no fígado. O sempre ousado e cético perseguidor da verdade apalpou o estômago com seus próprios dedos e pessoalmente confirmou o diagnóstico, descobrindo um tumor "do Tamanho aproximado de um Ovo", "achatado e redondo".

Sua saúde definhou gradativamente e ele perdeu muito peso. Espalhou-se a notícia de que estava morrendo; o povo começou a convergir de todas as partes para verificar se o grande ateu se arrependeria no leito de morte. Boswell chegou e constatou que Hume estava "magro, cadavérico e de uma cor ferruginosa". (É difícil decidir se esta última observação é inexata ou profunda.) Quando Boswell, porém, perguntou a Hume se acreditava na possibilidade da existência de uma vida após a morte, "Ele respondeu que era possível um pedaço de carvão colocado no fogo não queimar".

Ao final de uma longa enfermidade, Hume finalmente morreu em 25 de agosto de 1776 (sem se arrepender). Uma multidão considerável se reuniu do lado de fora para presenciar o funeral do "Ateu"; mas ele não era figura impopular com a massa, apenas com a Igreja. E diferentemente do que acontece com os grandes filósofos que haveriam de surgir, sua filosofia permanece plausível, a não ser por um obstáculo. Quando lemos a filosofia de Hume, reconhecemos que pensamos do mesmo modo — mas sabemos que não vivemos desse modo. Será possível que dessa vez a filosofia estava certa e que estamos *nós* errados?

POSFÁCIO

A epistemologia, ou seja, o estudo de como adquirimos o conhecimento, foi vista por muitos como o cerne da filosofia. Antes de Hume, a epistemologia fora indústria próspera, produtora de todos os tipos de teoria, sobre os quais se baseavam os estupendos sistemas que constituíam o orgulho e a felicidade da filosofia. Este era o principal atrativo da filosofia: um sistema que explicava *tudo*. Com Hume, esse fundamento desapareceu. Ele mostrou que a construção de sistemas filosóficos não era mais possível. Contudo, é da natureza da filosofia tentar o impossível. Na era imediatamente posterior a Hume, os filósofos alemães produziriam os maiores sistemas filosóficos que a humanidade conheceu.

Kant leu Hume e declarou que essa experiência "despertou-me de meu sono dogmático". Em conseqüência disso, produziu um sistema totalmente abrangente da mais alta engenhosidade e penetração.

A ele se seguiu Hegel, que, dentre todos, produziu o maior dinossauro filosófico — um sistema metafísico tão vasto e complexo que chegou a se colocar muito além da compreensão dos simples mortais. Foi Nietzsche quem constatou que essas tentativas mal conduzidas só podiam produzir animais extintos. Na opinião de Nietzsche, "havia mais sentido em uma página de Hume do que em todas as obras de Hegel".

Até mesmo Nietzsche, no entanto, fracassou na tentativa de esclarecer a barreira epistemológica que Hume havia colocado no caminho do progresso filosófico — admitindo que as objeções de Hume (a quase tudo) eram irrespondíveis. A única maneira de prosseguir era ignorando-as. Tínhamos que continuar filosofando apesar de — assim como continuamos a viver apesar de Hume ter demolido a continuidade, a causalidade etc. Havia sempre muitas outras coisas sobre as quais filosofar.

No século XX, Wittgenstein adotou enfoque semelhante. Arrogantemente ignorando Hume (ao ponto de nem sequer se preocupar em lê-lo), Wittgenstein logo chegou a uma condição filosófica extraordinariamente parecida. (Os grandes espíritos nem sempre pensam da mesma forma por plagiarem as mesmas fontes.)

Hume pode muito bem ter derrubado o Humpty-Dumpty[1] da parede, mas até agora ninguém descobriu como juntar e colar os pedaços. Hoje, a filosofia insiste em desconhecer certas questões (que considera irrespondíveis). Vale notar que ela insiste também em ignorar certas respostas.

1. Personagem do poema infantil *Mother Goose*, que caiu da parede, se quebrou e cujos pedaços não puderam jamais ser reunidos e colados. (N.E.)

CITAÇÕES-CHAVE

Todas as percepções da mente humana se reduzem a dois tipos distintos, que denominarei IMPRESSÕES e IDÉIAS. As diferenças entre elas consistem nos graus de força e intensidade com que atingem nosso espírito e abrem caminho até nosso pensamento ou consciência. As percepções que penetram com maior força e violência podemos chamar de *impressões*; e, nessa denominação, englobarei todas as nossas sensações, paixões e emoções, à medida que fazem sua primeira aparição na alma. Por *idéias*, quero significar as pálidas imagens disso no pensamento e no raciocínio; assim como, por exemplo, são todas as percepções provocadas por este discurso, à exceção apenas daquelas que decorrem da visão e do tato, eliminando o prazer ou o desconforto imediato que ele possa ocasionar.

Tratado sobre a natureza humana, Livro 1

Há outra divisão das nossas percepções, que será conveniente observar, e que se estende tanto a nossas impressões quanto a nossas idéias. A divisão se dá entre SIMPLES e COMPLEXO. Percepções ou impressões e idéias simples são de tal ordem que não admitem distinção ou separação. As complexas são o contrário destas e podem ser separadas em duas partes. Embora uma cor, um gosto e um cheiro específicos sejam todos qualidades reunidas nesta maçã, é fácil perceber que não são as mesmas, mas são pelo menos distinguíveis uma da outra ... *todas as nossas idéias simples quando pela primeira vez aparecem são derivadas de impressões simples, que a elas correspondem, e que elas representam com exatidão.*

Ibid.

Assim, não apenas nossa razão falha na descoberta da *conexão definitiva* de causas e efeitos, mas, até mesmo após a experiência nos ter informado de sua *conjunção constante*, é impossível que nos satisfaçamos mediante nossa razão, motivo pelo qual devemos ampliar a referida experiência além desses exemplos específicos, que foram motivo de nossa observação. Supomos, mas jamais somos capazes de provar, que deve haver uma semelhança entre os objetos dos quais não tivemos experiência e aqueles que se acham além de nosso campo de descoberta.

Ibid.

Podemos decerto perguntar, *Que causas nos induzem a acreditar na existência do corpo?*, mas é ocioso indagar *Se existe corpo ou não.* Eis um ponto que podemos tomar como certo em nossos raciocínios Deveríamos examinar à parte essas duas questões que são comumente confundidas, a saber, por que atribuímos uma existência CONTÍNUA aos objetos, mesmo quando não estão presentes aos sentidos; e por que supomos que têm uma existência DISTINTA da mente. Nesse último título englobo suas condições, bem como suas relações, sua posição *externa*, bem como a *independência* de sua existência e operação Os sentidos não nos dão noção de existência contínua, porque não podem operar além da extensão em que realmente operam. Quando muito produzem a opinião de uma existência distinta, porque nem podem oferecê-la à mente como é representada, nem como original. Para oferecê-la conforme é representada, devem apresentar tanto um objeto quanto uma imagem. Para fazê-la aparecer como original, são obrigadas a transmitir uma falsidade; e essa falsidade deve residir nas relações e na situação: Em função do que devem ser capazes de comparar o objeto com nós mesmos; e até mesmo na hipótese em que não nos enganem, nem seja possível enganar-nos. Podemos, portanto, concluir com certeza que a opinião de uma existência contínua e distinta jamais decorre dos sentidos.

Ibid.

Sejam quais forem os argumentos convincentes que os filósofos possam imaginar capazes de produzir para estabelecer a crença nos objetos, independentemente da mente, é óbvio que esses objetos são conhecidos apenas de uns poucos e que não é através deles que as crianças, os camponeses e a maior parte da humanidade são induzidos a atribuir os objetos a algumas impressões e negá-los a outras. Da mesma forma, descobrimos que todas as conclusões a que chega o povo são diretamente contrárias àquelas confirmadas pela filosofia. Pois a filosofia nos informa que tudo o que se afigura à mente é apenas percepção, e é interrompido pela mente e dela depende; enquanto o povo confunde percepções e objetos e atribui uma existência contínua distinta às próprias coisas que sente ou vê. Esse sentimento, então, na medida em que é totalmente irracional, deve decorrer de alguma outra faculdade que não nosso entendimento. Ao qual podemos acrescentar que, desde que consideremos que nossas percepções e os objetos são a mesma coisa, não podemos jamais inferir a existência de um da existência do outro, nem formar qualquer argumento a partir da relação entre causa e efeito; que é o único que nos pode assegurar o real. Mesmo depois de termos distinguido nossas percepções de nossos objetos, "parecerá, no momento, que ainda somos incapazes de raciocinar a partir da existência de percepções até a existência de objetos: De maneira que, tudo considerado, nossa razão nem nos dá certeza da contínua e distinta existência do corpo, nem é possível que jamais chegue a nos dar essa certeza, com base em qualquer suposição. Essa opinião deve ser inteiramente derivada da IMAGINAÇÃO.

Ibid.

Os erros da religião são perigosos; os da filosofia, apenas ridículos.

Ibid., Livro 2.

A razão é, e deve apenas ser, escrava das paixões, e não pode pretender qualquer outra função senão a de a elas servir e obedecer.

Ibid.

Que verdades filosóficas podem ser mais vantajosas para a sociedade do que as aqui expostas, que representam a virtude em todos os seus genuínos e mais atraentes encantos e nos fazem aproximar-nos dela com tranqüilidade, familiaridade e afeto? O manto sombrio, com a qual muitos seres divinos e alguns filósofos a tinham coberto, cai; e nada aparece a não ser gentileza, humanidade, beneficência, afabilidade; mais ainda, a intervalos adequados, brincadeira, gracejo e alegria. Ela não fala de austeridades e rigores inúteis, de sofrimento e de autonegação. Ela declara que seu único objetivo é conseguir devotos e fazer toda a humanidade, em todos os instantes de sua existência, se possível, alegre e feliz; nem ela jamais se separa por gosto de qualquer prazer senão com a esperança de ampla compensação em algum outro período de suas vidas. A única preocupação que ela exige é a da justa avaliação e uma preferência decidida pela felicidade maior. E se alguns pretendentes austeros se aproximam dela, inimigos da alegria e do prazer, ela ou os rejeita como hipócritas e enganadores; ou, se ela os admite em seu séquito, são eles colocados, no entanto, entre os menos favorecidos de seus devotos.

Investigação acerca dos princípios da moral

Observei, com freqüência, que entre os franceses as primeiras perguntas a respeito de um estranho são: *É ele educado? É espirituoso?* Em meu próprio país, o maior elogio que se faz a alguém é sempre que se trata de um *indivíduo de bom caráter e sensível.*

Ibid.

Se dispor da vida humana fosse algo reservado apenas ao Todo-Poderoso, a ponto de se considerar invasão de privacidade que os homens disponham de suas próprias vidas, seria igualmente criminoso agir pela preservação da vida ou por sua destruição. Se afasto uma pedra que esteja caindo sobre minha cabeça, perturbo o curso da natureza; e invado o terreno específico do Todo-Poderoso, estendendo minha vida para além do período que, pelas leis gerais da matéria e do movimento, ele me conferiu.

Um cabelo, uma mosca, um inseto é capaz de destruir esse ser poderoso cuja vida possui tanta importância. É absurdo supor que a prudência humana possa legalmente livrar-se daquilo que depende de causas tão insignificantes?

Não seria crime para mim desviar o *Nilo* ou o *Danúbio* de seu curso, fosse eu capaz de efetivar tais propósitos. Onde está, então, o crime em desviar alguns gramas de sangue de seus canais naturais!

"Sobre o suicídio", *Ensaios*

Os poderes dos homens não são maiores que seus desejos, considerados meramente nesta vida, do que o são os das raposas ou os das lebres, comparados aos *seus* desejos e ao *seu* tempo de vida.

"Sobre a imortalidade da alma", *Ensaios*

Nossa insensibilidade ante a composição do corpo parece à razão natural uma prova de um estado semelhante após a dissolução.

Ibid.

Com Newton, esta ilha pode vangloriar-se de ter produzido o maior e mais raro gênio jamais surgido para o adorno e para a instrução da espécie. Cauteloso ao não admitir princípios a não ser os fundados na experiência, mas resoluto na adoção de todos esses princípios, fossem novos ou invulgares; por modéstia, ignorando sua superioridade sobre o resto da humanidade e, portanto, menos cuidadoso em adequar seus raciocínios às percepções comuns; mais ansioso por merecer do que por adquirir fama; ele foi, por essas razões e por longo tempo, desconhecido do mundo. Mas sua reputação finalmente irrompeu com um brilho que raras vezes qualquer escritor, em sua própria vida, jamais obtivera antes

A maioria dos celebrados escritores dessa época não são mais que monumentos de gênio pervertido pela indecência e pelo mau gosto; e ninguém mais que Dryden, tanto pela grandeza de seu talento quanto pelo uso indevido que dele fez. Suas peças, salvo poucas cenas, são completamente desfiguradas pelo vício ou pela loucura, ou por ambos; suas traduções parecem em demasia resultado da pressa e da sofreguidão; mesmo suas fábulas são contos mal escolhidos, transmitidos em versificação incorreta, muito embora espirituosa. No entanto, no meio desse grande número de produções avulsas, desperdício da nossa língua, encontram-se algumas peças pequenas — sua Ode a Sta. Cecília, a maior parte de

Absalão e Achitophel, além de algumas outras — que revelam gênio tão grande, tamanha riqueza de expressão, tanta pompa e variedade de números, que nos deixam igualmente cheios de pesar e indignação, por conta da inferioridade ou, talvez, do grande absurdo de suas outras obras.

História da Inglaterra,
cap.71: "O reino de Jaime II

Olhe ao redor desse universo. Que imensa profusão de seres, animados e organizados, sensíveis e ativos! Admire essa prodigiosa variedade e fecundidade. Mas inspecione um pouco mais de perto esses seres viventes, os únicos dignos de consideração. Como são hostis e destrutivos entre si! Como são insuficientes, todos eles, para sua própria felicidade! Como são desprezíveis ou odiosos aos olhos do espectador! O mundo inteiro nada representa além da idéia de uma natureza cega, impregnada por um grande princípio vivificador, que despeja do colo, sem discernimento ou cuidado materno, seus filhos desfigurados e abortados.

Diálogos sobre a religião natural

CRONOLOGIA DE DATAS SIGNIFICATIVAS DA FILOSOFIA

. . . .

séc. VI a.C.	Início da filosofia ocidental com Tales de Mileto.
fim do séc. VI a.C.	Morte de Pitágoras.
399 a.C.	Sócrates condenado à morte em Atenas.
c.387 a.C.	Platão funda a Academia em Atenas, a primeira universidade.
335 a.C.	Aristóteles funda o Liceu em Atenas, escola rival da Academia.
324 d.C.	O imperador Constantino muda a capital do Império Romano para Bizâncio.
400 d.C.	Santo Agostinho escreve as *Confissões*. A filosofia é absorvida pela teologia cristã.

410 d.C.	Roma é saqueada pelos visigodos.
529 d.C.	O fechamento da Academia em Atenas, pelo imperador Justiniano, marca o fim da era greco-romana e o início da Idade das Trevas.
meados do séc. XIII	Tomás de Aquino escreve seus comentários sobre Aristóteles. Era da escolástica.
1453	Queda de Bizâncio para os turcos, fim do Império Bizantino.
1492	Colombo chega à América. Renascimento em Florença e renovação do interesse pela aprendizagem do grego.
1543	Copérnico publica *De revolutionibus orbium caelestium* (*Sobre as revoluções dos orbes celestes*), provando matematicamente que a Terra gira em torno do Sol.
1633	Galileu é forçado pela Igreja a abjurar a teoria heliocêntrica do universo.
1641	Descartes publica as *Meditações*, início da filosofia moderna.

1677	A morte de Spinoza permite a publicação da *Ética*.
1687	Newton publica os *Principia*, introduzindo o conceito de gravidade.
1689	Locke publica o *Ensaio sobre o entendimento humano*. Início do empirismo.
1710	Berkeley publica os *Princípios do conhecimento humano*, levando o empirismo a novos extremos.
1716	Morte de Leibniz.
1739-40	Hume publica o *Tratado sobre a natureza humana*, conduzindo o empirismo a seus limites lógicos.
1781	Kant, despertado de seu "sono dogmático" por Hume, publica a *Crítica da razão pura*. Início da grande era da metafísica alemã.
1807	Hegel publica *A fenomenologia do espírito*: apogeu da metafísica alemã.
1818	Schopenhauer publica *O mundo como vontade e representação*, introduzindo a filosofia indiana na metafísica alemã.

1889 Nietzsche, após declarar que "Deus está morto", sucumbe à loucura em Turim.

1921 Wittgenstein publica o *Tractatus logico-philosophicus*, advogando a "solução final" para os problemas da filosofia.

década de 1920 O Círculo de Viena apresenta o positivismo lógico.

1927 Heidegger publica *Sein und Zeit* (*Ser e tempo*), anunciando a ruptura entre a filosofia analítica e a continental.

1943 Sartre publica *L'être et le néant* (*O ser e o nada*), avançando no pensamento de Heidegger e instigando o surgimento do existencialismo.

1953 Publicação póstuma de *Investigações filosóficas*, de Wittgenstein. Auge da análise lingüística.

CIENTISTAS
em 90 minutos

. . . .

por Paul Strathern

Arquimedes e a alavanca em 90 minutos
Bohr e a teoria quântica em 90 minutos
Crick, Watson e o DNA em 90 minutos
Curie e a radioatividade em 90 minutos
Darwin e a evolução em 90 minutos
Einstein e a relatividade em 90 minutos
Galileu e o sistema solar em 90 minutos
Hawking e os buracos negros em 90 minutos
Newton e a gravidade em 90 minutos
Oppenheimer e a bomba atômica em 90 minutos
Pitágoras e seu teorema em 90 minutos
Turing e o computador em 90 minutos

Este livro foi composto pela TopTextos Edições Gráficas, em Agaramond Regular, e impresso por Cromosete Gráfica e Editora.